1

Le Testament

BoD – Books on Demand,
12/14 rond point des Champs-Élysées, 75008 Paris
Impression : BoD - Books on Demand, Norderstedt, Allemagne

ISBN : 978-2-3221-4628-4

Dépôt légal : Novembre 2019

Jean-Claude VERZI PANTEL

Le Testament

Si les dieux étaient nos démons

À mes enfants et petits-enfants

À mes parents hétérosexuels

I

Comme je n'avais pas réponse aux questions,

Que je me ressassais dès l'âge de raison :

« Pourquoi je vis et je meurs, pourquoi suis-je né » ?

Je n'ai pas la vie pour seulement procréer

Et avoir l'angoisse, pour le temps à venir,

De trouver une femme afin de reproduire,

D'engendrer des enfants, et ainsi augmenter

L'espèce humaine pour la faire perdurer ?

Comme chaque espèce a cette propension,

Quel intérêt s'il n'y a pas d'intention ?

Les unes utiles alimentent l'humain,

Comme l'antilope rassasie le félin.

Mais en quoi, utile est l'éléphant ou le fauve ?

Et l'homme, qui massacre et qu'en rien, il ne sauve ?

Pourquoi la nature conçoit-elle la vie,

Si elle est en pâture, aux prédateurs, servie ?

De façon plausible, de répondre, je tente

À ces « pourquoi » qui, en cascade, se présentent.

Pour mieux appréhender, je monte à la genèse.

Pourquoi, seule, la terre a la biogenèse

Dans notre système solaire, fataliste ?

La réponse de la fortuité n'existe.

Trop de paramètres s'imposent pour cela.

Sa distance au soleil et la masse qu'elle a

Permettent de garder l'eau à l'état liquide,

De fixer un climat respirable et valide.

Mais les planètes, à son opposé, voisines,

Qui de près ou de loin de l'étoile cheminent,

Disposent avec leur densité et vitesse,

De gravitations par lesquelles se pressent

D'influentes actions cosmiques, planétaires,

Qui équilibrent notre assemblage solaire.

Tels les gamètes mâle et femelle génèrent

La fécondation d'un père et d'une mère,

Les comètes, par la panspermie, disséminent

À travers l'espace, des bactéries infimes.

De la terre emblavée alors paraît la vie

D'une multitude d'espèces en survie.

Son champ magnétique, détournant l'arsenal

De tous bombardements de l'univers, fatals,

Pourrait montrer par son auto protection,

De l'humain, la présence, en structuration.

Ses climats se forment, par sa rotation,

Ses saisons s'arrangent par son inclinaison.

Des climats vivables vont être provoqués ;

Une multitude d'espèces, engendrée.

L'imperfection de la Puissance cosmique

Montre sa force qui, de loin est chaotique.

Elle n'est parfaite, comme l'humain fut fait,

Et la vie, de défaire et refaire, a été.

Dans la mesure où il y eut de longs essais,

D'animaux étranges, des millions d'années

Avant que ces monstres colossaux disparaissent

Et donc, qu'hominidés bien plus tard apparaissent.

C'est la preuve que la naissance créative

Doit donc passer par des phases non-exhaustives,

Inéluctablement en des milliards d'années,

Pour qu'arrivent donc les formes que l'on connaît.

Il incombe à l'homme, d'ennoblir notre terre.

Et pour cela, il doit atteindre la lumière.

Il est de la Nature, une division

De milliards d'Espèces en élévation,

S'amendant sans jamais à l'infini, toucher

L'absolu, l'abstruse particularité,

Comme l'activité douteuse des nuages

Qui ne reproduit pas d'identiques marquages.

Avant notre second carnage mondial

Nous ne connaissions de notre milieu astral,

Que notre galaxie et ses dimensions.

Je décide faire une rétrospection.

De la Création naît le seuil de la vie ;

Elle communique à l'univers l'énergie.

Carbone et hydrogène, azote et oxygène ;

Facteurs de la source, bons à notre hygiène,

Que températures et pressions mêlées,

Feront de complexes mélanges, effrénés.

Nous savons qu'il y a, par milliards, à présent,

Des mondes éloignés invisibles, présents.

Sont des univers hors de notre vision,

Dont on ne sait pas les bonnes proportions.

Alors qu'admises, sont les justes notions

Que l'astrophysique a de l'observation,

Je juge l'infini comme conception.

De l'infini, venons, à l'infini, allons.

Quelle explication donner, quel démenti

À cette incroyable grandeur qu'est l'infini

Où l'espace ne part, où le temps ne finit,

Pour que je donne une qualité à ma vie ?

Des organismes, aux riches formations,

Installent l'énigme de l'autoguérison,

Les nombreux exemples d'existences passées,

De « voyages astraux » en diverses cités.

Ce n'est pas le hasard, mais la fatalité,

Qui me donne le droit de vivre et d'exister.

Aurai-je en tant qu'humain ma propre mission ?

Quel est le destin des autres créations ?

Faut-il que je sois, à cette quête, asservi,

Pour que je puisse offrir un motif à ma vie ?

Pourquoi et comment sur notre planète âgée

Y a-t-il entre hommes tant d'inégalités ?

En vertu de quelle raison notre cerveau

Nous amène à être l'animal le moins sot ?

Quelle cause active l'élément déclencheur

Qui procure, de nous, le pire ou le meilleur ?

Il a faculté de nous donner les moyens

De produire quelque bonheur pour notre bien.

Pourquoi ai-je besoin de tant d'instruction ?

Serait-ce l'unique cas d'évolution ?

Les naturalistes ont traces des espèces.

Ils peuvent percevoir leur avancée sur pièces.

Quelques animaux, aux incroyables manières,

Sont vus, évolués plus que leurs congénères ;

Plus intelligents, qu'ils semblent proches de nous

Tant leurs comportements nous apparaissent fous.

Par un procédé moins inné, que réfléchi,

Seront-ils des humains dans leur prochaine vie,

Pour avoir ainsi le choix dans leur destinée

Plutôt qu'être à une force externe, attachés ?

Je constate que ma vie me mène à apprendre.

De l'objectif, je dois assimiler, comprendre ;

Des injustices et des souffrances, entendre,

Et à l'encontre des contraintes me défendre.

J'ai besoin de parer à toute affliction.

D'éviter les peines par bonnes actions.

J'essaie par l'audace, selon les circonstances

De considérer sur une longue distance.

Il me faut avoir de nombreuses destinées

Pour que je sois sur mes attitudes, jugé.

Comment, dans la vie ma conduite est sociable ;

Quelles pratiques ai-je devant mes semblables ?

De plus, un jeune qui meurt ne peut confirmer

Par ses agissements toute exemplarité ;

Il lui faut s'en aller à des vies successives

Pour avoir sanctions plaisante et punitive

Qu'en une seule vie, il ne peut pas connaître.

D'où l'impératif en d'autres vies, de renaître.

Facile est pour Crésus d'assister en argent

Plus que pour un pauvre qu'à sa faim ne mangeant,

Qui, dans l'indigence partage son repas,

Mérite bien plus en donnant le peu qu'il a.

D'où, la nécessité d'un chemin par étape

Où la position inverse du satrape

À l'épreuve du don quand bien peu, il aura,

Saura l'importance de l'aide qu'il fera.

La félicité se construit à l'opposé

D'exutoires plaisirs qui nous sont présentés,

Sans jamais arriver à la perfection,

Nous donne du destin, une explication

Aux suites des vies à l'infini, immortelles ;

Incommensurable grandeur de l'éternel.

À vouloir grandir, il m'est permis d'espérer.

Rien n'est arrêté, tout idéal est loué

S'il ne fait pas l'objet d'outrage aux gens honnêtes ;

Toute progression fait réponse à la quête.

À quels événements je devrais mes racines,

Qu'africaines certes, elles sont d'origines ?

Par quel argument notre ascension provient

Pour que l'insolite progrès mène à l'humain ?

D'abord, il fallut que l'homo-sapiens né,

Prit conscience de sa vie, de son décès.

Désormais, il pleure et incinère ses morts ;

Il leur prépare, pour l'au-delà, le transport ;

Il accorde un sens aux terrestres actions,

Qu'il craint, épouvanté, à tort ou à raison ;

Il a idée de la Puissance Universelle,

Qu'il divise pour mieux la lire à son échelle.

Alors il conçoit des êtres divinisés,

Qu'en tous domaines de sa vie, il va prier.

À la fatalité, suit une sanction

À chaque événement, qu'il soit mauvais ou bon.

Les peuples ignorants en ces temps très anciens

Distinguent des astres, au gré de leur maintien,

De la lune au soleil, de célestes figures

Que transcrit le ciel par de multiples augures.

II

Alors des quidams aux viles intentions

Trouvent le moyen par la superstition,

D'user de la candeur de leurs contemporains ;

S'avouent mandataires de leur propre destin.

Ils font des prophéties en différents substrats.

Craints, ils deviennent plus forts que les potentats,

Qu'ils abusent, dans les choix de leur politique,

Publiquement dignes dans leur pose extatique

Jusqu'au moment où un exploiteur créatif

Spéculera sur un Dieu seul plus lucratif.

En pleine liberté, ce fesse-mathieu

Confirme l'Envoyé, par cet inconnu Dieu.

Se qualifie prophète et enfant de ce Dieu ;

Roi d'un improbable royaume dans les cieux.

Au plus loin de l'histoire, où porte mon regard,

Prêtre, prédicateur, marabout ou frocard ;

Vampires des rois pour un indivis pouvoir,

Avec la ribaude, est le plus ancien savoir.

Jamais la Nature n'a laissé entrevoir

À l'humain, qu'il aurait d'elle, ses pleins pouvoirs.

Aussi intelligent qu'il puisse être notable,

C'est une chiure dans l'espace abyssal.

Au fil des siècles, à Dieu, il crée la demeure ;

Il conçoit un climat par la crainte et la peur ;

Promet un paradis, à ses consommateurs ;

Garantit un enfer à ses contradicteurs.

Il crée une secte pour avoir du crédit,

Fixe un code, fabule une mythologie.

Né de la Puissance de l'univers, singée,

Élabore aux humains, « Dieu », un être parfait,

Qui a sur des tables, manifesté sa loi

Dont des individus ont fait l'unique choix

De l'interpréter par des caractères saints

Qui ne le sont guère plus que notre bottin.

Ces Écritures nous content, sur le modèle

Dressé de la Toute-puissance universelle,

L'origine sotte du monde, née par Dieu

En six jours, lorsque la semaine n'avait lieu,

Ne nous disent pas qu'il fallut patienter

Pour que naissent après bien des milliards d'années

Des monstres énormes à l'existence vaine

Pendant cent soixante millions d'années pleines.

L'accès à la vie des humains, par nos parents

Adam et Ève, est tout aussi désespérant.

L'anthropologue Smith Cameron avisé,

En deux mille quatorze, en l'étude aiguisée

Déclara qu'il faudrait au moins vingt mille couples

Pour assurer une filiation souple.

Pour les mêmes raisons, employé, au déluge,

Noé n'aurait pas pu charger dans son refuge,

Autant de couples pour préserver leur lignée,

En réunissant tous les animaux créés.

Si les terres sous les eaux furent enfoncées,

D'où la colombe amène un rameau d'olivier,

Venant l'instruire que les terres immergées

Par les eaux, de nouveau à la vue, paraissaient ?

La secte pour parer à ses insuffisances

Déguise et force, par la Foi, son ignorance ;

Tente de séduire d'abord les illettrés,

Ainsi que les pauvres, et les désespérés.

La secte, pour mieux faire intégrer ses projets

Fait réaliste sa fausse divinité ;

Assure, berce avec le concours du prophète

Moraliste prêcheur de plaisantes sornettes.

Ce maître à penser, ce prestidigitateur,

Aussi, taumaturge-rebouteux-guérisseur

Berne par ses feintes l'assistance étonnée

Qui espérait depuis longtemps être menée.

Nos manipulateurs, il y a deux mille ans,

Auraient fait recette et auraient eu succès grand.

Alors qu'en des siècles cette religion

Présentait la magie comme un trait du Démon.

Elle aurait eu bien trop peur qu'un escamoteur

Puisse faire acte de ses identiques leurres

Ou, sans être le fils d'un Dieu, être l'auteur

De sa mort par l'arrêt provoqué de son cœur.

Cela aurait démis ses branlants fondements,

Incertains, narrés dans sa saga : « Testament ».

Ce vaticinateur et astrologue aurait,

De nos jours, en maison psychiatrique, été.

Aux antipodes du devin qui ensorcelle

Une populace en choc émotionnel,

Michel de Nostre-Dame, est un apothicaire

Connu surtout pour sa mantique séculaire.

Ce prophète au siècle de notre Renaissance,

Aux présages exacts, souffrit de médisances.

Pour croyant, prophète veut dire messager

Envoyé par Dieu, ne peut être séculier.

La Force Universelle est en notre nature ;

Pas d'apparences par images, ou figures.

Elle est en l'homme, ses notions, son esprit.

Par la communion de nos âmes, régit.

Nos pensées entrant en communication,

Nous font responsables de nos conditions.

De manière inverse, les écrits chimériques,

Manifestations hardies et fanatiques

Devaient être acceptés ou forcés au péril

D'y perdre la vie ou envoyé en exil.

En trois cent vingt-cinq au concile de Nicée

Sous l'autorité de Constantin le Premier,

De la tactique du Romain contre Arius

Et la défection de Sylvestre, l'Auguste,

Fut acquise au vote d'acteurs d'une saynète,

La reconnaissance divine du prophète,

Trois cents ans après sa mort, hors de son époque ;

Le vote ne peut être adopté au colloque.

Après cela, il dut aussi faire engendrer

L'onirique sauveur de mère immaculée.

Il est plus croyable qu'il soit né légitime,

De mère porteuse demeurée anonyme.

La fabulation du Purgatoire aussi

Est, au concile de Trente, au vote soumis

Le trois décembre mil cinq cent soixante-trois.

Rien de ces votes est honnêtement de droit.

Le Dieu de cette secte est donc un groupuscule

De mortels, qui se place au-dessus des crédules ;

Administré par un dictateur qui s'octroie,

Par quelles lois, de me diriger par l'effroi ?

Il n'en reste pas moins que des milliers d'adeptes

Approuvent encore ses principes ineptes.

Pensant que l'Envoyé contiendra leur misère,

Croyant en son pouvoir, à son argumentaire,

L'impotent, l'indigent, et le gueux en haillons

Se rendent à lui et scellent la liaison.

L'euphémisme brebis, désigne ses moutons,

Qu'il oblige à sa loi, la pleine adhésion.

De répliquer à ses cris contre l'hérésie ;

À son autorité, être aveugle et soumis.

En d'autres peuplades qui prendront connaissance

De ce divinateur venu tirer finances

Des souffrances de l'homme, et des iniquités,

Naîtront l'envie de le voir et de le toucher.

Se plieront, par peur, à ses prérogatives.

Sur les personnes à l'âme simple et craintive,

Fera croire qu'il laisse au serf ce qu'il désire

Par des mots sucrés que longtemps voulut ouïr.

De peuple à peuple, la secte va, se propage,

Elle adopte le Dieu au mieux de ses avantages.

Unit, d'un même accord, deux sexes paritaires

Faisant du mari, le garant autoritaire.

Respecte la femme sans lui donner crédit.

Sur la nutrition, ne fait pas d'interdit.

Super-prêtre, toujours, s'annonce et se présente

L'exécuteur de sa croyance bienveillante.

Pour ne pas avoir sur ses mains d'éclaboussures,

Un accord avec des nervis, il doit conclure.

Il exploite alors sa bonne position.

Après perfidies, et manipulations,

Force l'entrée de son Dieu dans la Nation ;

L'agrément volé, la secte est religion.

Il effectue son ordre, irrévérencieux.

Pusillanime, le meneur religieux,

Par sa divinité, fait dire ses souhaits

Comme la fillette fait parler sa poupée.

De la secte, il déclare être son seul pasteur ;

Le garant unique de son code d'horreurs.

Il fait assassiner par jugement inique,

Par goût de cruauté, par pouvoir politique.

Par sa camarilla, élabore un contrat

Pour qui, à ses humeurs ne s'inclineraient pas.

Dans une guerre, le Pape a des exigences ;

Rançon au vainqueur, le vaincu doit allégeance.

Il a qualité par prétextes controuvés,

De provoquer une croisade déguisée ;

Une offensive pour assaillir un État ;

Tuer son peuple si contre lui il se bat ;

Alléguant riposter à de vrais terroristes

Qui ne sont résistants qu'au colonialiste.

Tyrannique, il use de la sauvagerie

Idéologique communiste ou nazie.

Par des politiques accords et régiments,

Un peuple peut passer de martyr à tyran.

Il inféode les princes dès leur défaite,

Par révélation, des fièvres du prophète.

Pour mener après, le peuple à suivre son roi,

Il édifie, avec superbe, son beffroi ;

Fait considérer sa puissance aux citoyens,

Qui doivent afficher de plein gré leur soutien

Aux attributions, davantage affermies

Et à sa prétendue certitude ravie.

La sommité par de politiques menées,

Manœuvre les grands par promesses calculées.

Il se donne droit au fil des mois, des années

De poser, déposer, chasser des majestés.

L'occulte pontife contraint un chef, un roi

À réglementer leur monarchie à ses lois.

En contrepartie de sa qualité gardée,

Fera offrandes de vastes propriétés.

Le gourou règne alors sur beaucoup de provinces,

Sur les rois, leurs bourgeois, leurs hobereaux, leurs princes.

L'écornifleur gagne de politiques charges ;

L'application de la Justice, se charge ;

Il crée la torture au nom de « La Question » ;

Il influe les princes dans leurs décisions.

Quelle inégalité dans ses marchés malins

Que troquer chimères contre d'importants biens,

Fut-il roi, empereur, l'être humain est naïf,

Quand pour ses péchés, a remède siccatif.

Le parrain sait où sont ses meilleurs placements.

À quoi bon agiter un Dieu terrorisant

S'il ne génère des revenus décisifs,

Et n'avalise pas son régime oppressif ?

Mieux vaut le pouvoir et les plaisirs peu douteux,

Que d'appréhender son au-delà spécieux.

Se persuade-t-il de tout ce qu'il assure ?

Ne s'enivre-t-il pas de ses propos peu sûrs ?

À souvent fredonner telles billevesées

Qu'aux galimatias, il en est imprégné ;

Qu'en vivre au quotidien, il confond et ne sait

Où est le mensonge, où se tient la vérité ?

La gourmandise, la mère de nos souffrances,

Rancune d'un méchant débordant de clémence

Parce qu'un homme, par une femme, séduit

A croqué la pomme, qui au savoir, conduit.

Par cela, la secte veut nous faire savoir

Qu'elle entend bien garder l'usufruit du savoir.

Pour avoir voulu à son insu, compromettre

Ce que de ce Dieu, nous ne devions pas connaître ;

Fait déclarer par son Dieu l'état de péché ;

Nous mène au baptême pour nous faire laver.

Au début, à l'instar du nabi ondoyé,

Seul aux adultes, le baptême était donné

Mais faute d'hygiène, d'incompréhension,

Mouraient en bas-âge de nombreux nourrissons.

C'était pour la secte un dramatique dommage,

Que ces agneaux perdus étaient un gaspillage.

Mieux valait baptiser en tant que nouveau-né

Et au plutôt dans le troupeau, les enrôler.

L'ecclésiastique chef d'Hippone, Augustin

Pour s'approprier la psyché du chérubin,

Par un arrêté au Concile de Carthage

En quatre cent dix-huit, il le prend en otage ;

Ne tient pas compte de l'avis de ce jouet

En le faisant dès sa naissance, baptiser ;

Accablant les parents, garants du nouveau-né,

De le condamner, s'il n'était pas ondoyé,

À aller en Enfer pour la vie éternelle

S'il lui arrivait un événement mortel

En l'absence de cette étiquette sacrée ;

Terrible chantage hideux que ce procès.

Je fais partie de la Puissance Universelle.

Il n'est pas besoin de prouver que je suis Elle,

Et comme un adepte d'un Dieu sophistiqué,

D'être comme un bovin, au fer rouge, marqué.

Pour influencer le cerveau de l'enfançon

La secte le maintient par la coercition ;

L'omniprésence du Dieu, par des liturgies,

Des fêtes honorées tout au long de sa vie.

Des pompeux offices de ses saints sacrements,

Elle retiendra en otage le croyant.

Enfin, la secte le réveille en cas d'oubli

Par l'extrême-onction, à son rappel maudit.

La religion argue avec sa rectitude,

L'énormité flagrante en ses incertitudes ;

Dit qu'un mariage doit être consenti

Par le libre accord des deux concernées parties.

Alors pourquoi par un hymen aménagé

Des rois et des reines ont dû se résigner

Aux raisons d'État, qu'à celles des sentiments ?

Cette secte saisit par son haut parlement,

Lois, pour les changer et les mettre à sa décence.

Elle crée des castes et dit mésalliance

Une noce entre la noblesse et la roture.

Pourtant, cette union n'est pas contre-nature.

Elle ne nous a pas façonnés inégaux,

Pas plus qu'esclaves des privilèges royaux.

III

Je vais brièvement mettre en votre mémoire

Ce que religion a fait d'actes notoires.

Alors qu'Aristarque, trois cent dix-deux cent trente

L'héliocentrisme, loin de notre ère, vante,

Giordano Bruno à ce système jure

Vrai, notre soleil au cœur de notre structure.

Italien martyr de la libre-pensée,

Fut brûlé vif, par la secte, sur un bûcher

À Rome, le dix-sept février mil six cents

Avec d'autres, par un tribunal de brigands.

Depuis lors, nous savons que la Toute Puissance

A bien fait cela, et dire avec un bon sens

Que son Dieu est faux et clairement controuvé ;

L'infaillibilité du parrain usurpée.

L'exactitude met mal à l'aise l'instance

Qui ne peut nier les preuves de la science ;

L'embarrasse pour ne pas la voir se répandre ;

Seuls quelques primaires demeurent à l'entendre.

Combien de nos aïeux ont péri aux bûchers ?

D'exterminations, de tueries exécrées,

Que la religion à l'idole sacrée

A perpétré sur nos ancêtres torturés.

Galilée, a cédé. Il sera gracié

Pour avoir abjuré son opiniâtreté.

La certitude, de Copernic, il avait ;

De l'héliocentrisme, au même avis, était.

Ce n'est pas admettre que de capituler

Par la crainte de la torture et du bûcher

Donnés aux détracteurs de contrevérités,

Tant la religion en a fort abusé.

L'immolation de ses frères templiers,

Que le concile de Vienne avait arrêté ;

La croisade contre les albigeois rétifs

À la religion par actes afflictifs ;

La décimation des parfaits est signée

Au prêche d'Innocent trois, par un arrêté.

À la mise à sac de Béziers, dans les églises,

Furent tués, malgré l'hospitalité mise,

Vingt mille cléricaux, hommes, femmes, enfants.

Les croisés mirent la ville à feu et à sang.

Malgré cela tous au même Dieu, ils croyaient.

Arnaud Amaury, le Légat, aurait meuglé :

« Allez ! Tuez-les tous, Dieu trouvera les siens ».

La prépondérance du parrain rusé tient.

Les cathares à se soumettre ne voulurent ;

Tinrent le siège du château de Montségur.

Ne voulant pas lever, après dix mois de siège,

Les armes contre leurs frères auteurs du piège,

Les faydits résignés cèdent aux assaillants

Qui n'usèrent pas des mêmes ménagements.

Le seize mars mille deux cent quarante-quatre

Fut fait promesse de gracier idolâtres

S'ils voulaient céder leur foi pour celle du pape.

Que vaut paroles de traîtres, qui à la hâte

Pour être demeurés fervents à leur éthique.

Firent brûler vifs plus de deux cents hérétiques.

Quant aux pénitents qui fuirent leur confrérie,

Ils furent enfermés pour s'être repenti.

Un cul-de-basse-fosse, ont creusé les ingrats,

Pour les faire vivants, dévorés par les rats.

IV

L'abjuration est acte du cureton
Pour développer les rentes de sa maison,
Fait piller empires. À l'aide de vauriens,
Fait génocider des gens amérindiens.
L'empereur aztèque, par Cortes, torturé
Pour qu'il lui donne lieu où son trésor était.
Couauhtémoc à vingt-neuf ans est garrotté
Sans qu'au tortionnaire il ait dit son secret.
Par l'invitation fausse et dissimulée,
Francisco Pizzaro, tira dans un guêpier
Le précolombien, crédule, Atawallpa,
Pour le catéchiser à son Dieu d'opéra.
Missionnaire, de Valverdé Vincenté,
Bien plus immonde que son chef Super curé,

Tend un livre et déclare à l'autocrate roi :

« Écoutez de notre seigneur Jésus les voix ».

Celui qui escortait le monarque, traduit.

L'empereur mit le livre à l'oreille et l'ouït.

En le jetant à terre, il aurait réagi

Et argué : « Il n'y a rien à entendre ici ».

Atterré, le prêcheur cria aux spadassins :

« Vengeance, vengeance, chargez dessus chrétiens,

Il a précipité à terre notre Foi,

Puisque notre amitié, ne veut, ni notre Loi ».

Au signal, à cheval, les suppôts du Démon,

Alors dissimulés derrière des maisons,

Avec rapidité, les déchaînés sicaires,

À l'arquebuse et au canon, exterminèrent

La cour et vingt mille fantassins non armés,

Qui, avec l'empereur, étaient venus en paix.

Cela ne suffit pas à assouvir le Dieu.

Le seize novembre mil cinq cent trente-deux

L'Inca est mené par les abjects sycophantes ;

Le massacre dura jusqu'à la nuit tombante.

À la suite de quoi, le saigneur Pizzaro,

L'exécuteur, de la secte, des bas travaux,

Vint à Atawallpa pour sa vile entreprise ;

Il veut, pour lui laisser vie sauve, la remise

D'un tiers d'or et de deux tiers d'argent, assurée.

Quatre-vingt-huit mètres cubes, la quantité,

Soit quatre millions six cent mille ducats.

Rapidement, l'Inca rassembla le contrat.

Valverdé lors de sa justice simulée

Sermonna l'Inca, qui à son Dieu rien n'agrée :

« Si tu refuses roi pécheur, sera vivant,

Contraint par la guerre, par le feu et le sang.

Toutes tes idoles seront au sol, jetées.

Nous t'assujettirons à laisser par l'épée

Ta fausse croyance, que tu veuilles ou non ! ».

Ainsi sont les mots d'un envoyé d'un Dieu bon.

Atawallpa dupé par les voyous infâmes,

Comme Filipillo fou d'une de ces femmes,

Dit : « Faire parler par un intermédiaire,

Interprète profane et aussi émissaire

Équivaut à parler par l'intermédiaire

D'Êtres domestiqués », et finit par se taire.

Pizzaro par une seconde trahison

Ne tint pas parole et fit sa damnation,

Et neuf mois plus tard, du bûcher, il eut l'effroi

Le vingt-neuf août de l'an mil cinq cent trente-trois.

Sous les sommations du cruel Valverdé,

Futur gouverneur de Panama, la Cité,

L'empereur au baptême est fortement prié,

S'il ne veut le bûcher. Il sera garrotté.

Pour éviter de la ville des représailles,

Furent faites en grand convoi ses funérailles.

Il fut porté en terre en spectacle dévot

Avec le pseudo-nom de Juan Francisco.

Qu'importe qu'il n'est pas cru au Dieu imposé

Par le chantage, la ruse, la fausseté.

Il était important pour des raisons cupides

Que l'onction forcée paraisse bien valide.

La secte devait lui ôter sa liturgie

Pour s'approprier les trésors de son pays.

Par cet horrible exemple avec peu de gâchis,

Évangélisa ses gens et les asservit.

Pour cette croyance, quels que soient les moyens

Majeurs, c'est d'augmenter le nombre des chrétiens ;

Tuer les habitants qui encombrent son plan

Pour s'assurer que leur Dieu n'obombra leur clan.

Malgré les refus à l'omerta des ligués,

L'historien Dé L'as Casas Bartolomé

Et l'éthologiste, Dé Acosta José

Deux missionnaires, prêtres scandalisés,

Les soudards de la secte étrillèrent l'empire

Et grande partie de son peuple détruisirent.

Petite vérole et rougeole décimèrent ;

Réduisirent au joug, tous ceux qui résistèrent.

D'inhumaines façons, périront dans un bagne ;

Celui de Potosi en Bolivie, témoigne

De sa meurtrière mine qui fit ravages.

De la conversion s'entrouvre l'esclavage,

La route des profits aux riches siphonneux,

Qui firent nos pays riches, industrieux,

D'âmes, le Pérou en comptait six millions.

En mil cinq cents il n'en restait qu'un million

Deux cent mille en mille cinq cent soixante-et-un,

Et en tout cela où est l'amour du Divin ?

À tous ces massacres, acharnés, ils s'emploient.

Le quinze novembre mil cinq cent trente-trois,

Au sac de Cuzco, à l'irrespect des momies.

La ruée des temples, la secte reconduit.

La faction, après cela, dicte un édit

De « L'extirpation et de l'idolâtrie ».

Pour imposer à ces peuples son but honteux,

Le gourou prescrira au nom de son bon Dieu :

Faire rapport dans la pose « missionnaire ».

Francesco Pizzaro, de son assassinat

En juin de l'an mille cinq cent quarante et un,

Vincente de Valverde, exécuté, sera

Cette année d'octobre, de ce jour trente et un

Par les indigènes de l'île de Puna.

Ce sont là sentences justes des parias.

Par ces actions, la Puissance Universelle

Reprend ses droits sur tous les dieux et leur chapelle

Longue est pour seulement ce Dieu, les traits primaires.

Demander pardon aux Indiens opprimés

Ne leur rendra ni leurs biens ni leur dignité.

Il ne peut y avoir nullité des tortures

Du corps de nos frères martyrs, les déchirures.

V

Je continue avec les massacres maudits,

Les hécatombes de la Saint-Barthélémy,

Du vingt-quatre août mille cinq cent soixante-douze.

Les dragonnades que le roi soleil épouse.

Décide d'abroger, de Nantes, l'ordonnance

Du roi Henri IV qui libérait les croyances.

Par force papale, à la tombée de la nuit

Du vingt-trois juin mille huit cent cinquante-huit,

Est ravi pour le chef Pie IX à ses parents,

Edgardo Mortara, enfant juif de six ans,

Par l'exécutant Pier Gaétan Feletti,

Père dominicain, serviteur du bandit.

Ensorcelé par un baptême camouflé

Du culte sectaire, qu'à un âge avancé,

Ne voulut plus dans sa famille retourner,

Alors qu'aucun prix son baptême ne valait.

Après ses vilenies, cette croyance aspire

À sortir mes larmes sur ses pseudo-martyrs.

L'archéologue nous dit que c'est ignorance ;

Les Romains laissaient la liberté des croyances.

Si en arènes leurs suppliciés périrent,

Fut moins leurs offices que dangers pour l'empire.

La secte devrait sur cette tenue, se taire,

Moins de victimes, elle eut**,** qu'elle en a pu faire.

En ce temps-là n'était pas la sombre piété

Qu'après, à nos dépens, nous allons endurer

Elle ne désignait pas un corps subversif

Tant les membres étaient en nombre relatif.

Le Romain, avant que la faction proteste

D'hostiles objectifs, a fait un manifeste

Avec intelligence aux cités souveraines,

De faire accorder leurs divinités aux siennes.

Voilà les dommages que peuvent provoquer

Les religions sur un être humain simplet.

Que serait-il de nous advenu, par le maître

Responsable du sang versé de nos ancêtres,

Si un gaz mortel, il avait imaginé,

Le four crématoire eut remplacé le bûcher ;

Serions-nous encore là pour en discuter ?

Et Hitler, un illustre inconnu, eut été.

Il est certain que le fascisme est né des sectes

Avant que Benito Mussolini, adepte

Du socialisme, donne ce nom hideux

À cette infamie en mille neuf cent vingt-deux.

Le dictateur, à la secte a fait un don neuf,

En ce onze février mille neuf cent vingt-neuf

Par l'accord du Latran, son État actuel

Que l'orgueilleux pontife envisage éternel.

Que ne bannit-il pas, ce chef, ses pédophiles

Avec la même ardeur par un nouveau concile,

Que les préservatifs et les avortements ?

Pourquoi ne les combat-il pas, plus véhément,

Comme il a immolé ses nombreux hérétiques ?

Au lieu de cela, les dynastes sataniques,

Afin de les changer de leur lieu de repaire,

Les déplacent autant que cela peut se faire

Pour ne pas laisser de trace de leur forfait

Qu'ils referont ailleurs en toute impunité ;

Les mettent à l'abri des parents obstinés

Qui veulent jusqu'au bout du monde, les traquer.

De l'entente secrète au silence, accusé,

Le vingt mars deux mille un, le parrain reconnaît

Que des prêtres ont fait maints violes de nones.

L'un des adeptes, à un requiem, s'adonne

Pour une abbesse qu'il enjoignit d'avorter

Et par le bistouri, a été emportée.

Faut-il qu'aux médias ces combines parviennent,

Pour que demander le pardon, le gourou daigne ?

Par la Création, n'est pas donnée la haine.

Elle unit les Êtres pour le meilleur d'eux-mêmes.

Rancune et cruauté sont propres aux humains.

Les animaux, sans ses vices, sont bien plus sains.

Par son Dieu, la secte a le pouvoir absolu.

Elle détruit toutes les croyances vaincues

Que, forces armées plus faibles, les ont soumises

Aux avilissantes consignes d'une église.

Comment croire, en nos jours, une religion,

Quand la science nous dit ses inventions.

Les assises d'une secte seraient fragiles

Si elle n'avait pas des ignorants, l'asile.

Tant est saugrenu le récit de son idole

Qu'elle ne peut sur ses traits donner sa parole.

Pour sa conception insensée, elle doit

Faire usage de son passe-partout : La Foi.

Ses légats croient-ils en leur épouvantail ?

Si tel était le cas pendant une bataille

Entre deux sectes, la perdante prévenue

Par son échec, que son Dieu, conflit n'a voulu,

Elle aurait cessé. Au lieu de cela, maintient ;

Preuve que son théisme est illusoire et feint.

Si de cette guerre, vainqueur, elle eut été,

En sa victoire, son Dieu pour rien ne serait.

Ce qui la gênait, je le suppose à présent ;

Qu'un culte est foi en un Dieu du sien, différent.

J'appréhendais que la croyance fanatique

Est le commerce d'un Dieu fantasmagorique,

Par des individus aux malveillants projets,

Sans honnêteté, pour remplir leurs volontés

Envieuse et cupide, à trouver la façon

D'affirmer, par notre candeur, sa pression.

La Nature nous a donné voix au chapitre.

L'idolâtrie nous en débarrasse, à quel titre ?

L'identité nous vole et la pensée nous bride.

Pour mieux juguler nos aptitudes, nous guide,

Un bâillon sur la bouche, un bandeau sur les yeux,

Ravit le Démiurge en faveur de son Dieu.

Par quelle intelligence, en quelle qualité

Et en quoi, le gourou est à moi, élevé ?

Sous quelle assertion, il nourrit ma culture ?

Pour quel objectif, il remplace la Nature ?

La secte d'aujourd'hui, à présent, je comprends,

Qui à l'identique de la secte d'antan,

Veut être à son tour la doctrine officielle

Pour s'adjuger le lot de l'Irrationnel.

Nourrie par la haine des sectes, qui honnit ;

Qui répand sa bile toxique avec furie

Dans d'impitoyables carnages, sans quartier,

Comme les croisades nous les ont rapportés,

L'Humanité souffre des guerres fratricides

Pour que l'une parmi d'autres soit notre égide.

On peut être agnostique et ne rien renier

D'un Dieu, que plaçaient les antiques préjugés

Dans chaque sujet de la vie au quotidien ;

Qui les encourageait, à parer au destin,

Avant que viennent les sectes monothéistes

Avides de conquête et à tort, moralistes

Sous la menace d'un principe omniprésent

Et absolu, qui veut décimer dans le sang

Ceux qui désavouent ses présents catéchumènes ;

Impose à qui se plient, entrave à qui le gênent.

VI

Dès lors au doute, je cède. Je m'affermis.

Je cicatrise ce que par force fut mis

Dans mon cerveau lavé avec attention,

Autant d'années à mon insu, sa lésion.

Je me rends compte que longtemps manipulé,

Combien difficile, il m'était de raisonner.

J'appartiens honteux par mon père et par ma mère

À cette idolâtrie, comme tant, meurtrière.

Dans mon infortune, pourtant, je dois pouvoir

Dire qu'au Dieu que je fuis, j'eus le sort d'avoir

Reçu baptême de cette religion

Sans avoir fait l'objet d'une opération.

Mes parents ne s'étant pas révélés indignes

Du viol de mon corps, je ne dus, par ce signe,

Les traîner devant le tribunal des humains,

Pour tenter d'y faire savoir l'acte malsain.

Comme je vis cette cause comme une tare,

Je réclame auprès d'un adjoint de la tiare

La possibilité de l'annulation

Directe, en tirant un trait sur mon onction,

Et me débarrasser du licol qui me lie

À la gouvernance de cette fourberie ;

Me dit : « Dieu ne défait ce qu'il a déjà fait ! ».

Mais c'est son confrère l'auteur de ce méfait.

Sous couvert d'adeptes flatteurs indifférents

Comme sont la plupart des aveugles croyants,

Qui par mode se font encore baptiser,

Non par la Foi, mais par réflexe influencé

À ce Dieu de l'humain que tant, je désavoue

Autant que les autres, au monde, je l'avoue.

J'imaginais qu'avec volonté, par dépit,

Si tous les baptisés voulaient l'apostasie,

S'ensuivrait un désastre à son appartenance.

Dans le monde, serait sapée son influence.

Qui oserait douter de son investiture,

De son pouvoir, par un schisme, pour forfaiture ?

Je suis hérétique, je reste toutefois

Recensé parmi tous ses moutons, sans la Foi.

À la conviction, elle opte quantité.

La secte chiffre ceux qui se font baptiser

Mais n'en élimine pas ceux qui la renient.

Parce que converti une fois, c'est à vie.

C'est en tout cas ce qu'elle espère faire croire,

Mais je sais en cela qu'elle n'a pas pouvoir,

Dans le but de ne pas avoir dans notre monde,

Avec ses adhérents, la place de seconde.

Alors chaque secte, dans tous pays arbore

Les indices que sa religion honore.

J'évalue alors à quel point une union

Est de grande importance à ces religions.

Le nombre d'inscrits n'est pas celui des croyants.

Qu'importe, le nombre doit être saisissant ;

Faire reconnaître de son Dieu l'importance

Et d'y montrer comme vraie, sa toute-puissance.

Si ses fidèles, en nombre sont abondants,

Ses poids politique et religieux sont grands.

VII

Quatre cents ans plus tard, se crée une autre secte

Avec un autre Dieu également abject.

Avec des règles et des lois très différentes

Qu'il faut satisfaire, de ce Dieu, exigeantes.

Elle appuie les mêmes sanguinaires recettes

Que la précédente, mais avec des facettes

Plus vicieuses, plus inhumaines, plus dures.

Avec pour prophète, un chef d'une clique obscure.

Qui s'est vu investi de pouvoirs par son Dieu,

A, de six cent dix-huit à six cent trente-deux,

Exécuté pas moins de cent sept infamies,

Crimes, assassinats et bien d'autres délits.

Il donne à l'homme, droit à la polygamie,

Soumet la femme à la rigueur de son mari.

Esclave, domestique, il l'a assujettie

Aux labeurs ménagers, aux outrages aussi.

À l'image d'un Dieu machiste et misogyne,

La secte interdit à la femme l'officine.

L'équité des sexes, l'Ayatollah, proscrit ;

D'une épouse bâtée, il fait droit au mari ;

Il persiste à brider sa libération

En lui interdisant l'accès aux notions.

Ce forban ne voudrait pas voir, par une femme,

Gouverner son état avec savoir et flamme ;

Faire le constat de son art à le gérer

Comme il en est dans les états civilisés.

Quelle arme offensive contre l'instruction

Que la cérébrale et sectaire oppression.

Il détermine son régime alimentaire.

Oblige, ainsi qu'à son mari, jeûne sévère.

Il sème la terreur pour avoir le veto,

Comme le barbare primitif, rompt les os,

Arrache des membres, lapide et décapite

En place publique, que son Dieu accrédite.

Pour mener aux causes, de cette déité

Pour faire adhérer à sa collectivité,

Si le prêtre en toute connaissance avait dit

Que son Dieu réclame le trépas de l'impie

Et âprement croyait en la mort qu'il acclame ;

La Nature est libre pensée, elle ne blâme ;

Aurait-il pu, même à l'infini, espérer,

Pour voir s'abattre la sanction désirée.

Mais n'apercevant pas l'incroyant foudroyé

Par son très puissant Dieu, entité insensée.

Il aurait démontré son incapacité

À représenter sur terre sa déité ;

À manifestement déclarer aux clients

Sa grossière utopie faite à leurs détriments.

Pour se préserver de ces situations,

Que gourou garde sa domestication,

Il commet lui-même son exécution

Se désignant la main de sa création.

Le Dieu que la secte a fait, couvre son parrain,

Ne qualifie en rien, l'auteur, son suzerain ;

N'est pas blâmé de ses maudites actions,

Puisque étant de son Dieu, la résolution.

Le Parrain impose son autoritarisme ;

Mène des ignorants braillards au fanatisme ;

Saccage des autres croyances, toutes traces ;

Harcèle les états d'une obstinée menace

Par des propos douteux, insanes, sur le monde ;

Établit au prix de génocides immondes,

Son Dieu, pour lequel il fait ses exactions ;

Il dicte son dessein par faits d'oppression.

Profite de l'amour d'un couple, son penchant

Pour le priver de vie commune, méchamment

Et obliger avant l'hyménée, le conjoint

D'une autre idolâtrie, à trouver le chemin

Le plus droit pour aller à sa religion,

Le joindre malgré lui à sa dévotion

Pour s'assurer de lui l'autorisation

Qui authentifiera, sa bénédiction.

Après des théurgies et des salamalecs,

Après séductions, c'est une chose faite.

Cette secte autorise une pédophilie

Sur une enfant de sept ans, que son père unit

À un homme lubrique et mur, déjà lié,

Qui serait en âge d'être son grand-aîné.

VIII

La Force créative, à nulle personne, est.

Elle existe en chacun de nous tous, même athée.

Elle donne aux êtres vivants sa nitescence ;

Point besoin d'obtenir d'elle, reconnaissance.

De ce fait, contresens une onction, serait.

Même un mécréant est né de sa faculté.

La croyance d'un Dieu est d'une époque ancienne.

Aujourd'hui avec la culture en tous domaines,

Les bergers, les pêcheurs, des évoqués avis,

N'avaleraient plus, les sottises de jadis.

Les gens intelligents ne croiraient à présent,

Leurs égarements le plus naturellement

Qui, depuis vingt siècles, maintenant, les éprouvent.

Le délaissement des offices nous le prouve.

La croyance est manque d'évolution vraie

Pour s'empêcher l'accès à la libre pensée,

Et préférer, par voix unique, à nous lier

À un prophète, comme un enfant égaré.

Reste le vieux noble pour répondre à l'appel,

De croire en la secte, pour avoir reçu d'elle,

L'hégémonie sur ses serfs et sur ses valets,

Le dispensant en des siècles, de travailler.

Un Dieu n'a valeur qu'à ceux à qui il profite ;

Ceux que la secte a faits : la noblesse et l'élite.

La croyance est privée. De son point dogmatique

Elle ne doit nourrir aucune politique.

Si je ne crois pas à une divinité

Je ne dois me sentir réduit à adhérer ;

Au traditionnel, rite familial,

Par lequel je donne blanc-seing à la cabale ;

Je dois renoncer à mon humeur déférente

À cette coterie despote et méprisante.

Je coupe le lien de ma fidélité

Bornée qui la nourrit de mon identité ;

Ne cautionne pas, tel l'ont fait mes parents,

Pour jeter vers une croyance mes enfants.

Je soumets à votre sagesse, un libre choix,

Ne vous infligeant pas l'onction de leur loi.

Nul ne peut, pas même un parent, à juste titre,

De l'unicité et au nom du libre-arbitre**,**

Donner aux descendants, des Dieux et des croyances ;

Croire ou ne pas croire, je laisse préférence.

Alors que l'union fait force, tranquillise,

La personnalité accorde peu d'emprise.

C'est pour cela que la religion m'a dû

Mettre dans son troupeau de moutons assidus

Pour suivre aveuglément un pasteur, mais en vain,

Qui n'en sait davantage, ou moins, que ses ovins.

Pour cela, la secte fait appel au chantage

Que durant des siècles et des siècles, propage

La crainte de jeter à jamais mon Éther

Aux gouffres du néant, aux flammes de l'Enfer

Si je ne poursuis pas ses règles incisives.

Point d'espérance de salut en perspective.

Quelles fables, nées de l'imagination ?

Et cette peur qui fait retenir la raison,

Les moutons continuent de suivre le pasteur,

Pour ne pas découvrir qu'ils se bercent de leurres.

Soumis comme Jacquot, l'écho, ils se feront,

De ce que prêtres, sans cesse, leur prêcheront.

Ils resteront toujours pauvres mais rassurés ;

Leur vie entière, à ce Démon, seront voués.

Quel néant que l'absence intégrale d'espoir

S'ils ne pouvaient de leur existence, savoir.

À quoi en fin de vie, ils se raccrocheraient ;

Que serait leur salut s'ils ne s'y rattachaient,

Et s'ils commençaient à douter de leur croyance

Depuis si longtemps dans leur cerveau en errance,

Au Dieu aux amènes promesses imprimées

Auquel ils ont juré service et loyauté.

Iront-ils pour autant en cet Éden factice ?

Je ne veux pas taire ces infâmes offices

Et par crainte de la secte, lui faire don

Du droit de me guider où il lui semble bon.

Me mener malgré moi, aux faits religieux ;

Je n'offre pas mon âme à un ciel si douteux.

C'est imprudent que de donner crédit sans lieu

À des individus inventeurs de ces dieux

Et aveuglément de s'en remettre à leurs vues.

L'incroyant est aussi borné qu'il est obtus,

De ce qui nous entoure, on ne peut pas douter.

Il serait vaniteux de ne pas constater

Le concept des forces hors de notre savoir.

La Création n'a jamais donné pouvoir

À un être humain, put-il être un grand savant,

Pour la représenter, sans être un charlatan.

Pourquoi tous les gourous, veulent nous cultiver ;

Quelle importance est de mener le monde entier ;

En quoi les gêne la froideur à leur idole,

C'est de n'avoir, sur notre esprit, le monopole.

Alors font adhérer ou de force ou de gré ;

Endoctrinent le faible à leurs stupidités ;

Assujettissent par peur, les récalcitrants,

Ainsi que, des peuples tenus, les résistants.

Leurs dieux veulent pour l'homme, agir et décider

Ne le laissant pas vers son avenir, aller.

Son destin est entre ses mains, uniquement

Par son autocritique, il peut aller vraiment

Et non aveuglément écouter des vauriens

Mégalomanes qui ne sont pas plus certains

Sur la genèse du primitif univers,

Que le singe le plus idiot, né sur terre.

Je vécus des années, au bon sens, opposé,

Suite aux déceptions et aux anxiétés,

Que j'en vins à chercher de par mes anamnèses.

Je suis garant, après avoir fait la synthèse,

Je n'unis plus autrui à mes difficultés

Que je mettais à ses frais, par commodité.

L'angoisse croissante de cet apprentissage

D'en expérimenter chaque jour, davantage,

Finit par me faire savoir et me guider

Vers ce que trop longtemps j'ai voulu renier.

Son anagogie, je prends comme sacrilège

Des plus fantaisistes menteurs, de spicilèges,

Que veut tenir sacrés, cette Religion

Pour solenniser ses viles exactions.

À ces amphigouris, jure de dire non ;

Je ne ravitaille plus rien à ces sermons ;

Je croque dans la vie avec volition,

Et tous mes problèmes, traités avec raison.

Conséquemment, une voix m'est de bons conseils ;

Elle me donne plein d'ardeur à mon réveil,

Regrettant plus tôt, de ne lui avoir cédé ;

Je réfléchis avec plus de lucidité.

Nulle hésitation qu'en chacun de nous, est,

Pourvu que l'on prenne la peine d'écouter.

Si l'humain voyait dans les admonitions,

Il puiserait de la Nature, sa Raison.

Il prendrait, leçons de ses incidents passés ;

Armé, il pourrait se parer de ceux d'après.

Si je retenais la leçon par la sentence

Je n'en retirerais aucune quintessence.

Je suis désapprouvé pour les agissements,

Donc, je suis coupable dans mes comportements.

Toutes mes pratiques sont comptabilisées,

Les bonnes comme les mauvaises, achevées.

Préjuger des raisons à ma fatalité,

Ne veut pas assurer qu'elles seront scellées.

Je n'explique pas, les événements produits

Qui frappent des êtres par la paralysie,

Dysfonctionnements et autres cruautés.

J'évite d'instruire sur toutes destinées.

Je vis pour racheter mes actes consommés,

Exécutés dans ma vie présente ou passée.

Qu'actuellement je ne sois pas souffreteux,

Ne dit pas que demain je serais comateux ?

Afin que je puisse comprendre l'intérêt

D'aimer mes semblables et d'eux, en être aimé,

Je dois prodiguer un altruisme véritable

Pour que mon mérite ne soit pas réfutable.

Je dois aider au nom de la Fraternité,

À passer les revers durs de la destinée

Du mieux que je le peux, et laisser à autrui

Par utilité, en résoudre une partie.

Cette petite voix ne me contredit pas,

Mais solution à tout, ne m'accorde pas.

À mes objections, elle ne fait barrage.

Ma quête n'a valeur qu'au prix de mon courage.

Je ne puis m'affranchir, si je suis trop douteux,

« À la grâce selon Dieu » ou « Si Dieu le veut ».

Nul objet doit m'être cédé, avec aisance.

Je dois me donner les moyens à l'existence.

Ce qui me fait risquer tant pour les obtenir

Est, que la Nature, la vie peut me ravir.

L'espoir efface mes maintes vicissitudes,

Me raisonne, m'assied dans la béatitude.

Me fait apprécier les bons événements ;

Après l'acide, le sucre, fatalement.

Bien sûr, il y a ceux qui se donnent la mort,

Issu d'un défaillant état mental très fort.

Le suicide n'est pas dans l'allure humaine,

Il est indépendant d'une faculté saine.

Condamné durant des siècles, par le Patron

Pris pour acte de la volonté du Démon.

Quant à l'euthanasie, c'est un soulagement

Pour qui ne supporte pas l'état déprimant ;

Un moyen d'éviter d'effroyables souffrances

De l'insoutenable, c'est une délivrance.

J'ai déjà fort à bien faire pour m'abonnir

Sans culpabiliser, à prendre du plaisir.

Le prêtre blâme mes arguments à l'envie ;

Jouir dans ma pénible et difficile vie.

Il prêche que tous les plaisirs, sont dons du diable ;

Ce sont les dieux, voleurs de nos désirs, nos diables.

L'onanisme fut deux millénaires durant,

Pour cette doctrine, un outrage foudroyant.

Les médecins prônent l'usage essentiel

Au développement, de l'être sensuel.

Combien de familles ont culpabilisé

Dans la perspective d'un châtiment sacré

Pendant que le Parrain et ministres forniquent,

Comme l'Histoire nous rapporte les pratiques ;

Vaquent de l'adultère, à la salacité,

De la concupiscence, à la lubricité.

À des prostituées, ils les font légataires,

Changeant en lupanar, la demeure de Pierre.

Si la Création, à l'homme avait prêché

Qu'il n'aurait des rapports pour juste procréer,

Pourquoi n'aurait-elle pas, à la femme aussi,

Comme chez tant d'autres mammifères, permis

Un état cyclique pour être fécondée ?

En place de cela, les a gratifiés

D'une libido, d'un tempérament constant,

Pour copuler selon l'envie et le moment.

C'est donc qu'elle voulait qu'ils prissent du plaisir,

Hors procréation, et douceurs, n'interdire.

Si la Puissance fut Dieu, c'eut été blasphème

Que refuser notre bonheur de nous, qu'elle aime.

Mais c'est pécher d'avoir épouse pour lapine

Sans redouter qu'elle disparaisse en gésine.

Le Manitou veut que je me culpabilise

Pour avoir enfreint les désirs de son emprise.

Sur ses fidèles, il fait des sommations

Qui, sur les peuples a graves réactions.

Combien d'êtres humains, victimes du sida,

Pour avoir, aveugles, cédé au potentat

Qui leur recommandait de ne pas, pour leur sort,

User d'un condom dans leurs intimes rapports ?

Opposée aux dieux, la Nature, n'interdit.

Je suis aussi avec notre monde, bâti.

Conservons-le comme il nous a été donné ;

Améliorons-le, et unis, vivons en paix.

Où la religion est-elle décidée,

Pour attirer dans sa toile les plus niais ?

Par son humanisme fourbe et accusateur,

En vantant l'amour du prochain, la paix, me leurre.

Par réflexe, je marche à ses raisonnements,

Alors qu'elle foule aux pieds ses commandements ;

Me dénonce par mes fautes, pour le supplice

De son prophète sur une croix, l'artifice.

Du faux sacrifice, l'idolâtrie applique

Dans mon cœur l'intrigue suspecte, symbolique,

Anthropophagique, de son corps immolé

À ses disciples pour racheter mes péchés.

Au Démiurge, n'est pas la donation

D'un être palpitant, immoler sans raison ;

Pas d'expiation pour ma dilection

Qui fait plus outrage, que décente action.

Il connaît mes défauts, mes variées manières ;

Il me sait de bon et de mauvais caractère ;

Me donne liberté de brider mes tendances,

Viendra lorsque je lui manderai assistance.

Le folklore sectaire est plus qu'idolâtrie,

Attire plus les faux fidèles par profit

De la solennité d'une cérémonie,

D'obsèques, d'unions, avec des litanies

Dans un lieu rococo avec les grandes orgues

Omniprésentes, que la secte laisse en vogue,

Et l'ostentation, l'étalage impudique

De ces ors dérobés à des peuples antiques,

Qui ne demandaient qu'à vivre selon leur guise.

De leur vie ont payé sans qu'au pape ne nuisent,

Pour que nous jouissions de toutes ces beautés

De ces sociétés, oh combien, avancées.

Le gourou, exhibe richesses et puissance ;

Un tel luxe pour qui propage la décence.

Ai-je entendu qu'il ait fait don aux va-nu pieds ;

Qu'il a rendu à ceux qu'il avait dépouillés ?

En admettant que la Nature eut la faiblesse

D'être imaginée par une drôle d'altesse,

Elle aurait fait une seule Religion,

Et par cette preuve de confirmation,

Nous n'aurions eu besoin vers elle d'avancer ;

Pas de progrès possible avant de le briguer.

À défaut de cela, comme en tous les marchés,

Par la concurrence, veulent rivaliser.

Nous avons dix mille sectes, dix mille dieux.

Nous avons l'embarras du choix dans tous nos vœux.

Tous ces dieux, que servent toutes ces hérésies,

Qui ont pastiché la Puissance sans permis,

Par reproductions tellement dissemblables

Qu'ils ne peuvent être confondus, accordables.

Les gourous de toutes croyances accréditent

Que ces dieux dissidents ne sont qu'un même mythe.

Pourquoi dans leurs règles il y a différences ?

Sinon, pour que chaque gourou, par la puissance,

Tel un pontife roi, dictateur exécrable,

Eut Cour, pour lui baiser ses beaux pieds vénérables.

Nous ne sommes pas tous pareils dans le progrès,

Pas plus que nous sommes tous égaux quand on naît.

En écoutant, par-ci par-là les baratins

De prêtres qui tablent sur le cours du divin,

Je me demandais où ils trouvaient tous ces mots ;

Comment Êtres savants acceptaient tels pipeaux ?

Pire fut, quand je vis que l'on m'affabulait

Par des boniments, des histoires insensées.

Alors abusé par des messages benoîts,

Je romps avec cette ligue sans désarroi.

Je ne peux pas croire ce que la secte enseigne ;

Que son Dieu est unique, amour, alors qu'il saigne ;

Qu'il ne peut pas m'aider tout au long de ma vie

Si à sa ligue je ne suis pas converti ?

Si Dieu avait été, détruire, aurait-il fait

Son édifice, en son église Saint-Gervais

À paris, d'un obus allemand, bombardé,

Tuant le vingt-neuf mars mille neuf cent dix-huit,

Quatre-vingt-douze et en blessant soixante-huit

De ses fidèles qui en ce lieu, l'honoraient ?

Je cesse de suivre les principes affreux

D'un Dieu erronément miséricordieux.

Des guerres, aussi loin que je pus remonter,

Perdure la haine de fidèles tarés.

Tant que ces ilotes brandiront leurs idées,

Les dieux feront guerre par sectes affrontées.

Depuis, la sectaire et damnée religion

S'est ouverte suite à ses confiscations,

Aux émeutes de mil sept cent quatre-vingt-neuf

D'une patrie troublée, née d'un royaume veuf.

Furent couverts les feux de l'Inquisition,

Qu'assure L'Opus Dei, dans la succession

Qui, par le pape Jean-Paul deux, avant sa mort,

Officiellement, uni à son essor.

Pour ses fanatiques, ce gourou, est un saint,

Pour les incrédules sages, c'est un parrain.

Enfin, je saisis la loi qui me réjouit,

Du six janvier mil neuf cent soixante-dix-huit

Pour demander malgré tout, mon apostasie

Et ôter mon nom sur tous registres, aussi.

De marchandisage, Dieu est premier produit ;

Il reste dangereux aux fidèles séduits.

Au premier unique Dieu, l'égyptien Râ,

Ceux actuels, quatre mille ans, ne vivront pas.

Mais n'ayez hâte, de voir la secte partir

Pour en voir une autre la remplacer, bien pire.

Pour ne pas avoir fait couler le sang des hommes,

Le bouddhisme, n'est pas religion, mais dogme ;

Une philosophie de vivre et de penser,

Par le spirituel guide Bouddha, fondée,

Qui nous informa par l'analyse instructive :

« Quand les hommes sont des moutons, les loups

arrivent ».